글 안 라란느 Anne Lalanne

오늘의 아이들이 내일의 국가라고 여기는 교사입니다. 초등학교에서 아이들에게 자신만의 커리큘럼으로 철학의 가치를 알리고 있습니다. 《초등학교에서 철학 만들기》라는 책을 썼습니다.

그림 티에리 마네스 Thierry Manes

프랑스 남부 출신의 일러스트레이터입니다. 귀여운 어린이와 동물 그림 그리기를 좋아합니다. 국내에 소개된 작품으로는 《오늘도 궁금한 것이 많은 너에게》가 있습니다.

옮김 장석훈

대학과 대학원에서 철학, 프랑스문학, 비교문학을 공부했습니다. 책을 쓰고 옮기는 일을 하고 있습니다. 지은 책으로 《생각의 말들》, 《자유, 평등, 박애의 나라 프랑스 이야기》, 《세상을 알게 한 문자》 등이 있으며, 옮긴 책으로 《미생물》, 《지구인이 우주로 가는 방법》, 《내 방 여행하는 법》 등이 있습니다.

Et toi, qu'est-ce que tu en penses ? - Aimer, c'est quoi ?

by Anne Lalanne (Author) and Thierry Manes (Illustrator)
Copyrights © Hachette Enfants / Hachette Livre, 2020
All rights reserved.
Korean translation rights © Dasan Books, 2024
Korean translation rights are arranged with Hachette Livre through Amo Agency Korea

이 책의 한국어판 저작권은 AMO 에이전시를 통해 저작권자와 독점 계약한 다산북스에 있습니다.
저작권법에 의해 한국 내에서 보호를 받는 저작물이므로 무단 전재와 무단 복제를 금합니다.

질문의 힘을 길러 주는 맨 처음 철학 교실 ①

좋아한다는 건 뭘까?

안 라란느 글 | 티에리 마네스 그림 | 장석훈 옮김

다선
어린이

제가 좋아하는 건요….

여러분은 무엇을 좋아하나요?

그런데, 딸기를 좋아하는 것과
고양이를 좋아하는 것은 같은가요?

딸기와 초콜릿은 맛볼 수 있죠.
그런데 우리가 고양이나 할머니를 좋아한다면
딸기나 초콜릿처럼 맛이 있어서 좋아하는 건 아니에요.

딸기, 과자, 초콜릿 같은 것을 먹을 때
그 맛은 어떻게 알 수 있나요?

따뜻한 엄마 품에
폭 안기면
어떤 느낌이 드나요?

좋아한다는 말은 이렇게 다르게 쓰여요.

감각을 통해 좋아하는 것
이건 우리가 몸으로 느낄 수 있어요.

혀로 느끼는 맛

딸기와 초콜릿을 맛보는 게 좋아.

코로 맡는 냄새

꽃향기를 맡는 게 좋아.

눈으로 보는 색과 모양

여러 가지 모양의 구름을 보는 게 좋아.

귀로 듣는 소리

새소리와 음악을 듣는 게 좋아.

살갗으로 느끼는 감각

고양이의 보드라운 털을 쓰다듬는 게 좋아.

몸에서 느끼는 감각

빠르게 달릴 때 느낌이 좋아.

감정을 통해 좋아하는 것

이건 우리가 마음으로 느낄 수 있어요.

우리가 좋아하는 사람들은 말야….

♡ 부모님
♡ 누나, 언니, 형, 오빠, 동생
♡ 할머니와 할아버지
♡ 친구들
♡ 연인

그리고 우리는 동물들도 좋아해.

감각을 통해 좋아한다는 건
무슨 뜻일까요?

딸기를 먹으면 **맛이 좋아요.**

레몬즙을 마셔도
딸기처럼 맛이 좋을까요?

도시의 거리나 시골길을 걸으면
온갖 소리가 귀에 들려요.
왜 그중에는
듣기 좋은 소리도 있고,
싫은 소리도 있을까요?

겨울에 눈이 내릴 때
눈사람을 만드는 건 재미있어요.
눈과 코를 만들어 주고 모자도 씌워 줘요.
그런데 만약 장갑을 안 끼고
눈사람을 만들면
어떤 느낌이 들까요?

맑은 여름날에 햇볕을 쬐면
기분이 좋아요.
왜 그럴까요?

크리스마스에 사람들은 색색의 장식으로 거리를 꾸며요.
보기만 해도 기분이 좋아지지 않나요?
궂은 날이 계속되다가 오랜만에 환한 햇살이 비칠 때도 그렇고요.
그건 왜 그런가요?

거리에 차가 많이 다닐 때는 코를 막고 싶어요.
왜 그럴까요?

빵집 앞을 지나갈 때도 코를 막고 싶나요?
그때는 왜 그럴까요?

감각을 통해 좋아한다는 건
우리가 몸으로 기분 좋게 느낀다는 뜻이에요.

어떤 감각이 좋으면 기분도 좋고 즐거워요.
물론 좋지 않은 감각도 있어요.
기분 나쁘고 참기 어려운 감각도 있지요.

살갗으로 따뜻함, 차가움, 미지근함, 딱딱함,
물렁물렁함, 부드러움, 따끔함, 미끌미끌함, 까끌까끌함,
퍽퍽함, 축축함 같은 것을 느껴요.

코로 향긋한 냄새, 나쁜 냄새,
좋은 냄새와 같은 것을 느낄 수 있어요.

혀로 단맛, 짠맛, 매운맛, 신맛, 쓴맛을
느낄 수 있어요.

귀로 높거나 낮은 소리,
크거나 작은 소리를 들을 수 있어요.

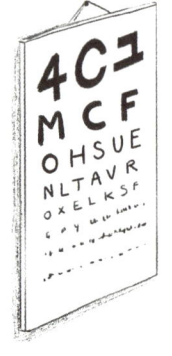

눈으로 크기와 모양을 구분할 수 있어요.
선명하거나 흐릿한 것
그리고 빨강, 노랑, 파랑과 같은
색깔도 여러 가지로 구분해요.

**이런 감각들은
사람마다 다르게 느끼고 다르게 표현해요.**

감정을 통해 좋아한다는 건 무슨 뜻일까요?

여러분은 부모님에게
사랑하는 마음을
어떻게 보여 주나요?

부모님은 여러분이 하고 싶은 것을 **못 하게 하기도 하죠.**
그럴 때는 어떤 마음이 드나요?

동생과 **장난감을 가지고 놀면** 아주 재미있어요.
이때 드는 마음은 어떤가요?

그런데 동생이 잘못한 일로 **대신 혼날 때**도 있어요.
이럴 때는 어떤 마음인가요?

친구들끼리 **비밀 이야기를 하기도 해요**.
그럴 때 드는 마음은 어떤가요?

그러다 한 친구가 다른 친구에게 그 비밀을 이야기해 버리면
우리는 화를 내고 다투게 되지요.
그러면 어떤 마음이 드나요?

좋아하는 친구가 있으면
손도 잡고 싶고 **언제나 같이 있고 싶어요.**
이런 때는 어떤 마음일까요?

그런데 좋아하는 친구가 다른 친구와 더 신나게 놀면
외톨이가 된 기분이 들기도 해요.
이때는 어떤 마음일까요?

친구를 좋아하는 것처럼
할아버지와 할머니를 좋아하나요?
왜 그렇게 생각하나요?

형제를 좋아하는 것처럼
부모님을 좋아하나요?
왜 그렇게 생각하나요?

우리는 연인이 서로를 사랑하는 것처럼
친구를 좋아하나요?
그건 왜 그런가요?

감정을 통해 좋아하는 건
좋아하는 상대에 따라 느낌이 달라요.

할아버지나 할머니를 존경하는 마음,
부모님을 좋아하는 마음,
형제나 자매끼리의 우애,
친구 사이의 우정,
연인을 사랑하는 마음…

좋아하는 감정은 다양해요.

슬퍼하고 질투하고 화를 내는 감정도 있고,
기뻐하고 자랑스러워하는 감정도 있어요.

사람마다 느끼는 감각과 감정은 달라요.

여러분은 어떻게 생각하나요?

여러분은 어떻게 생각하나요?

여러분은 무엇을 좋아하나요? 딸기와 초콜릿, 고양이, 친구, 부모님처럼 주변에는 여러분이 좋아할 만한 것들이 아주 많아요. '좋아한다'는 것에 대한 여러 질문에 답해 보며, 그 의미를 생각해 보아요.

 첫 번째 질문 감각을 통해 좋아한다는 건 무슨 뜻일까요?

감각은 눈, 코, 귀, 혀, 피부를 통해 자극을 받았을 때 우리 몸에서 일어나는 반응이에요. 우리가 감각을 통해 좋아할 때는 어떤 말을 하게 되는지 상황에 알맞은 말들을 찾아 써 보아요.

> **보기**
>
> 딸기가 달콤해요 | 꽃향기가 좋아 | 새소리가 아름다워요 | 파란 하늘이 예뻐요

맛이 좋을 때	냄새가 좋을 때
보기 좋을 때	듣기 좋을 때

> 감각 중에는 우리를 기분 좋게 하는 것도 있지만 기분 나쁘게 하는 것도 있어요. 그런데 좋아하거나 싫어하는 감각은 사람마다 달라요.

두 번째 질문   감정을 통해 좋아한다는 건 무슨 뜻일까요?

감정은 무언가에 대하여 마음에 일어나는 느낌이나 기분이에요. 감정은 여러 가지가 있는데, 기쁘거나 슬픈 기분, 두려워하거나 걱정하는 마음처럼 정말 다양하지요. 친구나 엄마, 아빠처럼 좋아하는 대상을 정하여 그려 보고 그에 대해 들었던 감정을 써 보아요.

우리 집 강아지 콩순이

콩순이와 항상 같이 있고 싶어요. 콩순이가 내 동생을 더 따르는 것 같을 때는 살짝 질투심도 나요.

내가 좋아하는

좋아하고 사랑하는 감정은 여러 감정 중에도 우리 인간을 가장 인간답게 만들어 주는 감정이에요. 우리는 사랑하는 이를 위해 좀 더 멋진 사람이 되려고 노력하지요.

세 번째 질문 좋아하는 감정에 뒤따르는 감정들이 있다고요?

좋아하는 마음이 깊어지면 사랑이라는 특별한 감정이 되기도 해요. 누군가를 좋아하거나 사랑할 때 뒤따르는 불편한 감정들도 있지요. 좋아하는 감정과 관련된 여러 감정들을 따라 써 보고 그러한 감정이 들었던 경험이 있는지 이야기해 보아요.

사 랑

많이 좋아하거나 아껴서 정성을 다해 위하는 마음이에요. 없어서는 안 될 소중한 존재로 느끼는 거지요. 사랑하는 감정도 부모님이나 형제, 연인, 친구, 반려동물처럼 상대에 따라 그 느낌이 달라요.

질 투 심

내가 좋아하는 상대가 다른 사람을 좋아할 때 미워하고 싫어하는 마음이에요. 상대가 나만 좋아해 주기를 바라기 때문에 생기는 감정이지요. 자연스러운 감정이지만 지나치게 표현하면 상대가 불편해 할지도 몰라요.

실 망 감

기대한 만큼 되지 않아 마음이 상하는 거예요. 기대가 큰 만큼 실망도 크다는 말이 있어요. 좋아하는 만큼 기대하게 되고, 그래서 실망하거나 서운한 마음을 느끼기도 하지요. 좋아하는 사람이 아닌, 다른 사람이 같은 행동을 했다면 실망할 일이 아닌데 말이죠.

네 번째 질문 누구나 꼭 사랑해야 하는 사람이 있다고요?

누구에게나 꼭 사랑해야 하는 한 사람이 있어요. 그건 바로 자기 자신이에요. 우리는 스스로를 소중히 여기고 아낄 줄 알아야 해요. 자신을 소중히 여기고 아낄 때, 비로소 다른 사람도 사랑할 수 있어요. 거울에 비친 내 얼굴을 그려 보고 나의 멋진 점들도 써 보아요.

◆ 나의 멋진 점 ◆

좀 더 알아 보아요

나르시시즘

나르시시즘은 자기 자신을 사랑하는 일을 뜻해요. 그리스 신화의 나르키소스라는 소년의 이야기에서 비롯된 말이지요. 나르키소스는 자기만 잘났다고 생각하여 다른 사람은 안중에도 없었어요. 다른 사람을 사랑할 줄 몰랐던 거지요. 연못에 비친 자기 모습에 흠뻑 빠져 자지도 먹지도 않은 나르키소스는 그 자리에서 숨을 거두었다고 해요.

맨 처음 철학 교실 1
좋아한다는 건 뭘까?

초판 1쇄 인쇄 2024년 6월 5일
초판 1쇄 발행 2024년 6월 20일

글 안 라란느 **그림** 티에리 마네스 **옮김** 장석훈

펴낸이 김선식
펴낸곳 다산북스

부사장 김은영
어린이사업부총괄이사 이유남
책임편집 박정민 **디자인** 김은지 **책임마케터** 안호성
어린이콘텐츠사업1팀장 박정민 **어린이콘텐츠사업1팀** 김은지 박세미 강푸른
마케팅본부장 권장규 **마케팅3팀** 최민용 안호성 박상준 송지은
미디어홍보본부장 정명찬
편집관리팀 조세현 김호주 백설희 **저작권팀** 한승빈 이슬 윤제희 **제휴홍보팀** 류승은 문윤정 이예주
재무관리팀 하미선 윤이경 김재경 이보람 임혜정
인사총무팀 강미숙 지석배 김혜진 황종원
제작관리팀 이소현 김소영 김진경 최완규 이지우 박예찬
물류관리팀 김형기 김선민 주정훈 김선진 한유현 전태연 양문현 이민운

출판등록 2005년 12월 23일 제313-2005-00277호
주소 경기도 파주시 회동길 490
전화 02-704-1724 **팩스** 02-703-2219
다산어린이 카페 cafe.naver.com/dasankids **다산어린이 블로그** blog.naver.com/stdasan
종이 스마일몬스터 **인쇄 및 제본** 상지사 **코팅 및 후가공** 제이오엘앤피

ISBN 979-11-306-4507-0 74100

- 책값은 뒤표지에 있습니다.
- 파본은 본사 또는 구입한 서점에서 교환해 드립니다.
- KC마크는 이 제품이 공통안전기준에 적합하였음을 의미합니다.
- 아이들이 책을 입에 대거나 모서리에 다치지 않게 주의하세요.
- 이 책은 저작권법에 의하여 보호를 받는 저작물이므로 무단 전재와 복제를 금합니다.